AF341070

LE CLUB DES BONNES-GENS,

OU

LA RÉCONCILIATION,

COMÉDIE EN VERS ET EN DEUX ACTES,

MÊLÉE DE VAUDEVILLES ET D'AIRS NOUVEAUX ;

Représentée pour la première fois à Paris, au *Théâtre de Monsieur*, aujourd'hui de *la rue Feydeau*, les 24, 25 et 26 septembre 1791 ; interrompue en mars 1792, après 46 représentations ; reprise au même théâtre le quintidi 25 messidor, l'an troisième de la république (lundi, 13 juillet 1795,) avec les corrections et additions ; pour la huitième fois, le le 17 thermidor, an 4.

PAROLES ET AIRS DU COUSIN-JACQUES.

« Tout c'qui ramèn' la paix, n'a pas besoin d'excuse. »

Scène dernière.

A MARSEILLE,

CHEZ MOSSY, Imprimeur – Libraire.

CINQUIÈME ANNÉE DE LA RÉPUBLIQUE.

ACTEURS.

	Autrefois.	Aujourd'hui.
LE CURÉ du canton.	M. VALLIÈRE.	Le C. DESSAULLES.
NIGAUDINET, son jardinier.	M. LE SAGE.	Idem.
NANNETTE, sa gouvernante.	Mlle. DUMONT.	La C^e. Ste.-AVOYE.
THOMAS, riche meûnier.	M. JULIET.	Idem.
ELISE, sa fille.	Mme. LESAGE.	Idem.
Dame BLAISE.	Mme. VERTEUIL.	Idem.
ALAIN, son fils.	M. GAVEAUX.	Le C. LEBRUN.
Le 1er. VILLAGEOIS du Club du Curé.	M. PRÉVOST.	Idem.
Le second.	M. LÉCUYER.	Le C. D'ARCOURT.
Les quatre autres.	MM. { LE MET. NISY. PLATEL. N......	Idem.
Le premier VILLAGEOIS du Club de Thomas.	M. GARNIER.	Idem.
Une vieille du Club de Thomas.	Mlle. THÉODORE.	La C^e. GASSER.
Une petite fille du Club de Thomas.	Mlle. LIZARDE.	La C^e. Rosette GAVAUDAN.

Hommes, femmes et enfans du Club de Thomas.

LE CLUB DES BONNES-GENS,

OU

LE CURÉ FRANÇAIS,

ACTE PREMIER.

Le théâtre représente deux jardins contigus, séparés par un mur mitoyen. Dans le jardin à gauche, côté de la Reine, est un berceau de feuillage adossé à la coulisse, sous lequel berceau est assis le Curé, d'un air rêveur, tenant des journaux ; dans le même jardin, contre le mur mitoyen, vis-à-vis le berceau, est une double échelle de Jardinier, sur laquelle est monté Nigaudinet, taillant des arbres ; au fond, à la porte de la maison du Curé, est Nannette, assise sur un banc, filant au rouet. Dans l'autre jardin, est un berceau de fleurs, sous lequel est assise Élise, brodant un gillet. Au fond de ce jardin, est un moulin à eau, dont on voit la roue baignée dans un étang ; à la fenêtre du moulin, qui est très-élevée, on voit le Meunier Thomas, avec un gillet blanc, un bonnet blanc, et une figure bourgeonnée, vider seul une bouteille de vin, et regarder sa fille de temps en temps.

SCENE PREMIERE.

LE CURÉ, NIGAUDINET, NANNETTE, THOMAS, ÉLISE.

NIGAUDINET, *sur l'échelle.*

Il imite le son des cloches. Din, don, din, da ri do don ; din, don da ri do don..... Bim, bom, bim, bom.....
Il s'arrête tout court.

N°. 1· Air : (Duo du Cousin-Jacques.)

V l a pourtant comme on carillonnera,
C'est-à-dire, où c'qn'i'gniaura des cloches, qui s'entend...
Quand j'épous'rai Mam'sel Nannette ;

A 2

LE CLUB DES BONNES GENS,

V'la pourtant comme on carillonnera,
Quand j'épous'rai Nannette que v'là
Là.

ELISE, *tristement.*

Qu'ils sont heureux dans cette maison-là !
Toujours chantant la chansonnette !
Moi, je sens bien que ma gaieté s'en va ;
Depuis qu'amour a pénétré là,

(*Elle montre son cœur.*)

Là !

NIGAUDINET, *dans l'autre jardin.*

C'est aussi comme on carillonnera ,
Quand all' s'ra mèr' Mam'zell' Nannette ;
C'est aussi comme on carillonnera ,
Quand all' s'ra mèr' , Nannette que v'là
Là !

ELISE, *tristement.*

Il est bien sûr qu'on la lui donnera
Sa chère amante, sa Nannette !
Et moi je sais qu'on me refusera
Ce cher Alain toujours gravé là,
Là !

NIGAUDINET.

Monsieu' l'Curé que voilà
Su' c'banc-là
Confirm'ra
C'te union-là,
Baptis'ra
C't enfant-là,
Qui naîtra
De c'nœud-là ;
Qui pouss'ra ,
Qui viendra ,
Il danse sur son échelle. Grandira ,
Qui jouera ,
Qui rira ,
Qui chant'ra ;
Qui dans'ra ,
Qui saut'ra ,
Qui m'aim'ra ,
M'embrass'ra ,
M'caress'ra ,
Qui m'aid'ra ,
Travaill'ra ,
M'soulag'ra.....
M'consol'ra.....
Ah !
Je r'ssens déjà } *Bis.*
C'bonheur-là.

Il fait silence un instant.   (*Sans chanter.*)
 De s'figurer c'carillon-là,
 Ça fait plaisir à l'oreill' d'un papa.
(*Il recommence.*)
Bim, bom....

    En Duo.

  Il reprend l'air. ELISE, *dans l'autre jardin.*
Vlà pourtant comme on, etc. Qu'ils sont heureux dans cette, etc.

   NIGAUDINET, *riant bêtement.*
C'est après la moisson qu'all' deviendra ma femme,
C'te Nannette q'jaimons... là... du fin fond d'mon ame...
  (*Il la regarde.*)
Alle est là qui n'dit rien; mais qui n'en pens' pas moins....

   NANNETTE, *filant toujours.*
 J'avons, ma foi, ben d'autres soins,
  Que c'ti'là d'songer au mariage;
Oh! dans c'te commun' ci gnia trop de r'muménage;
Ces gens qui s'disputont, qui fesont deux partis,
A monsieu' not' Curé donnont d'là tablature;
Les valets partageont l'tourment que l'mait' endure,
  Quand les valets sont des amis!

   LE CURÉ, *distrait par leur conversation.*
De ces deux braves gens l'amitié me console,
Du chagrin que me font les autres villageois;
Du ton du jour, au moins, l'attrait faux et frivole
De la nature en eux n'étouff' point la voix;
  Et la bienfaisance est l'école
Où mon cœur leur apprend à connoître leurs droits.

    ELISE.
Alain m'étoit promis; et l'aveu de sa mère,
Garantissoit pour nous un heureux avenir!
  Dans ce jardin, cent fois, mon père
  A vu nos jeux avec plaisir!

    LE CURÉ.
Cet Alain, cette Elise, élevés par moi-même,
Dont je formois l'esprit avec un soin extrême,
Devoient dans peu s'unir par les nœuds de l'hymen;
Des sentimens divers, partageant leurs familles,
Ont rompu nos projets du soir au lendemain!

    NIGAUDINET.
C'est singulier q'l'amour des garçons pour les filles,
Soit obligé d'souffrir des affaires d'l'état!
Dupuis q'nos paysans, dans l'biau milieu d'la rue,

       A 3

Politiquont z-à perte d'vue,
Gnia pus d'bonheur ici ; c'est toujours queuq' débat ;
C'est d'l'arnicroche, d'la brouill'rie ;
J'avois donc ben prévu qu'ça f'roit d'la tragédie !
Mais, j'dis... ça n'a qu'un tems..

NANNETTE.

Tu n'vois donc pas, nigaud,
Q'c'est parc'qu'on dit com'ça qu'il faut
Q'les villageois soyont des gens instruits, capab'es ;

NIGAUDINET.

Ça l's empêch' ti' d'êt' raisonnab'es
Ça ?

NANNETTE.

Dam', vois tu ? c'est parc' qu'on dit com' ça
Qu'il est temps q'tout chacun s'éclaire...

NIGAUDINET.

Eh ben . moi, je n'dis pas l'contraire ;
J'dis seul'ment q'tant d'lumière q'ça,
Ça m'ébleuit, et ça m'donn' la barluë,
Tant qu'à force d'y voir, j'craignons d'perdre la vue.

NANETTE.

Tu veux faire l'gog'nard ; d'mande à monsieu' l'Curé ;
I' t'dira s'i' n' faut pas q'tout l'mond' soit éclairé...

LE CURÉ, *sortant du berceau.*

Éclairé ; oui... mais non pas égaré.

N°. 2. Air (de M. Gaveaux.)

La vertu seule est la lumière
Qui s'accorde avec la raison ;
Qu'importe que l'esprit s'éclaire,
Si le cœur est sensible et bon ?
C'est l'éclat de la bienfaisance
Qui doit toujours frapper nos yeux ;
Le plus aveugle de la France
Est clairvoyant, s'il est heureux !   (*bis.*)

Second couplet.

Il n'est aucun pays du monde
Où l'esprit fasse le bonheur.
On brille dans la nuit profonde,
Si l'on garde la paix du cœur.
Dieu, plaçant l'homme sur la terre,
Lui donnant un cœur vertueux,
Ne lui dit pas : « je vous éclaire ;
Mais il lui dit : soyez heureux ! »   (*bis.*)

(Il rentre sous le berceau et lit.)

ELISE, *à part.*

Ce pasteur fut pour nous un père sage et tendre ;
Toujours par ses conseils il ramène au devoir ;
Si mon père aujourd'hui me défend de le voir,
Du moins j'ai quelquefois le bonheur de l'entendre.

THOMAS, *appellant de sa fenêtre.*

Elise ; allons, viens ça ; t'es toujours dans c'jardin
    A pleur' nicher comme eun' Magd'leine.
Pour un amant d'pardu, voir'ment, c' n'est pas la peine
    D's'enfoncer com' ça dans l'chagrin,
     Si je n'veux pas q't'épouse Alain,
    Eh ben ? queu' mal ? gnia ti' pas dans l'village
Pus d'un garçon r'tapé, ben aimable, ben sage,
D'ceux-là qui sont du bois dont on fait les maris ?

ELISE, *à part.*

Le beau soulagement pour un cœur bien épris !

THOMAS.

Allons, viens çà ; j'te dis ; ... j'veux q'tu prenn' l'habitude
    D'trinquer d'temps en temps avec moi...
Chacun son goût ; j' n'aim' pas t'à boire en solitude... .

NANNETTE.

Ah ben ; v'là d'joli l'çons ; et ça fait, par ma foi,
    Un bieau pass'temps pour eun' j'eun' fille
    Que d'vider la pinte en famille ! ...

NIGAUDINET.

    I' n'song' qu'à boir', c' Monsieu' Thomas ;
    Et c'est en grisant tout l'village
    Qu'i' met les habitans dans l'cas
    D'fair' dans l'pays ben du tapage...
Quoiq' c'est que c'*Croub* qu'il établit cheux lui,
    Et qui doit, encore aujourd'hui
    Dans son jardin t'nir un' séiance ?
Régler l'verre à la main, les affaires d'la France ?
Ça s'roit moins dangereux, si c'étiont des savans,
Des gens d'capacité, qu'eussiont d'la connoissance
Dans la parti' du cœur ; mais voir des paysans,
Pour faire un parlement laisser là leux ouvrages !
    Voir les femm' quitter leux ménages !
Pour jaser su' l'Etat ! gnia ti' là du bon sens ?

THOMAS.

Mais viens donc, quand j'te l'dis... et d'la gaîté, mam'selle ;
    Ris ; aussi non, prends garde à toi !
    Voyez un peu c'te péronnelle
Qui veut s'donner les airs d' s'affliger maugré moi !
    Il chante la bouteille à la main.

A 4

Nº. 3. Air : (du Cousin-Jacques.)

Faut chasser la mélancolie,
C'est l'vrai moyen d'sauver l'État ;
Boire à la santé d'la Patrie,
C'est la devise du soldat.
   Pernez un flacon ;
   Varsez moi du bon.
Gniaurait pas tant d'aristocrates,
Si l'ont buvait à qui mieux mieux
De ce bon vin vieux.   (*bis.*)

Il boit.

C'est ça qui fait les démocrates ;
   On est joyeux,
   Courageux,
   Valeureux,
Quand on boit 3 *fois* de ce bon vin vieux.   (*bis.*)

ELISE, *à part.*

Excellente morale !

LE CURÉ, *à part.*

Il faut lui pardonner ;
Je le plaindrois, s'il savoit raisonner !

THOMAS.

Second couplet.

Quand on écrira not' histoire,
J'voulons ma part de nos succès.
Tout citoyen qui n'veut pas boire
N'passera jamais pour bon François ;
   Mais c' ti' là qui boit,
   Fidèle à la loi,
S'ra toujours pris pour un grand homme,
En avalant à qui mieux mieux
De ce bon vin vieux.   (*bis.*)

Il boit.

C' ti' là qui tient la cour de Rome,
   S'rait indulgent,
   Complaisant,
   Généreux,
S'il buvoit 3 *fois* de ce bon vin vieux.   (*bis.*)

Tu n'veux par v'nir ? eh ben , reste ; gnia rien qui presse,
Car v'là q'j'ons bu ta part.   (*Il reste.*)

SCÈNE II.

LES ACTEURS PRÉCÉDENS, excepté Thomas, ALAIN.

ALAIN, *fort empressé.*

Il entre précipitamment chez le Curé.

Ah ! généreux pasteur !
S'il est vrai que votre ame à mon sort s'intéresse,
Inspirez à ma mère un peu plus de douceur !...

LE CURÉ.

Autant que vous je le desire ;
Un peu de patience, et vous verrez les gens
Renoncer, pour la paix, à tous leurs différends ;
Revenant sur leurs pas, honteux de leur délire,
Immolant à l'amour de la tranquillité
Tout principe erroné, tout projet de vengeance,
Substituer à la licence
La véritable liberté.

Nº. 4. Air : (du Cousin-Jacques.)

Le tems présent est une fleur
  Qu'étouffent les épines ;
Leur nombre ternit sa fraîcheur,
  Ses couleurs purpurines.
On ôte à ces épines-là
  Chaque jour quelque chose ;
Vous verrez qu'il ne restera
  Bientôt plus que la rose.   (bis.)

Second couplet.

Dans peu vous verrez la gaîté
  Reprendre son empire,
A l'attrait de la liberté
  Le François va sourire.
De sa tristesse il perd déjà
  Chaque jour quelque chose,
Bientôt l'épine s'oubliera
  En faveur de la rose.   (bis.)

ALAIN, *avec feu.*

Je voudrois bien pouvoir en accepter l'augure,
Mais cet oracle encor n'est qu'une conjecture ;
Voyez autour de vous d'implacables parens
A des opinions immoler leurs enfans ;
  Au Public.
Amour, hymen, gaîté, désertant les ménages,
Sont par-tout oubliés, jusques dans les villages ;

Le Berger philosophe, oubliant ses chansons,
Laisse au gré du hasard s'égarer ses moutons. .
Le mousquet dans ses mains remplace la houlette,
Sa voix ne répond plus à la voix de Lisette;
Et son cœur, insensible aux accens de l'amour,
N'entend plus les oiseaux des bosquets d'alentour.
L'amour lui-même enfin, s'exilant à Cythère,
Va cacher son effroi dans les bras de sa mère;
Et la beauté, poussant des soupirs superflus,
Eclate en longs regrets qui n'attendrissent plus !

NIGAUDINET, ébahi.

I' parle comme un livre ! ah ! faut aussi tout dire,
Cest q'dans c'te maison même il a t-appris-t'à lire
   Et q'Monsieu' l'Curé lia fait voir...
   J'dis... tout c'qu'un savant doit savoir.

NANNETTE, à Alain.

C'est pourtant ben fâcheux q'vot' maman madam' Blaise,
Parc'qu'al'pense autrement qu'monsieu' l'Meûnier Thomas,
A propos d'vot' bonheur, r'vienn' com'çà su' ses pas,
Et que c'qui l'i plaisoit, aujourd'hui li déplaise;

NIGAUDINET immobile, les bras croisés.

Mon dieu ! mon dieu ! comme eun' révolution
Boul'varse les esprits !.... Quand on fait réflexion
Que c'ti là qu'étoit doux, simple comme un p'tit ange,
Est d'venu tout-à-coup rusé comme un serpent ;
Que c't aut' qu'étoit si bon, s'est montré si maichant!
C'qu'étoit bien, n'est'pus bien ; voyez com' tout ça change!
Que l'genre humain du monde a donc l'cœur inconstant !....
Ah ! dame ; j'dis, ça vient de c'que tous ces grands hommes
Qu'étiont nos précepteux, vouliont nous mettre au pas !
C'étoit bieau d'être au pas !... Pauvres dupes q'nous sommes !...
Ces gens là s'gossiont d'nous ; et nous ne l'voyions pas !

NANNETTE, d'un petit air chagrin et réfléchi.

Au pas ! c'étoit mal dit, ça ; car c'est la sagesse
Qui va l'pas ; au lieu qu'eux, ils alliont l'grand galop!

NIGAUDINET.

Et v'là comme ici bas j'nous attrapons sans cesse!
On n'en fait pas-t-assez; ou ben l'on en fait trop.

NANNETTE.

Sais-tu c'que j'leu' chantois, à tous ces bieaux visages,
   Pour leu' prouver q'j'étois-t-au pas ?

NIGAUDINET.

Ah ! voyous ; chant' nous ça...

NANNETTE.

C'est pas des badinages ;

C'est du grave !...

NIGAUDINET.

En c'cas-là, j't'écoute, et je n'ris pas.

NANNETTE.

AIR nouveau (du *Cousin Jacques*.)

La p'tit' Jeanne tout' gentille
N'vouloit pas trop long-tems rester fille ;
Sa maman lui dit : (*sans chanter*) Jeann'ton !
    Eh ben maman ! quoi-t-est-ce !
--- I' s'présente un fort joli garçon ?
Il est jeune, il est grand et bian fait d' sa personne ;
Il pérore en latin tout comme un Cicéron.....
Si tu veux, pour époux ta maman te le donne ;
Il sera ton bonheur ; tu verras, tu verras !....
(*sans chanter.*) --- Et c'tamant-là, maman, est-i' bon patriote ? ---
Hom, ma fille, comme ça ; i' n'est pas d'ces plus chauds ; mais tu sens
ben qu'avec toi... p'tit à p'tit...'—Oh ! t'nez, maman ;
    C'monsieu-là n'a rien qui m' flatte ;
        J! n' veux pas
    D'un amant aristocrate ;
        Je n'en veux pas.....
Oh-l t'nez, d'abord, c'est décidé....
    M'faut queuq'z'un qui soit au pas.   (5 *fois.*)

        Nigaudinet répète avec elle le refrain.

    Quand alle eut manqué c'mariage,
    S'ennuyant de n'pas être en ménage .
        Certain soir al' dit : (*sans chanter*) maman.
    --- *Eh ben! ma fille, quoi t'-est-ce !*
    ---Gnia t'' pas un garçon pus av'nant !
--- Oui, ma fille, i'gnien a deux ou trois dans l'village
Qu'ont chacun plein leu' poches d'pièc' d'or et d'argent ;
Pour choisir un des trois qui t'convient davantage,
    J'vas t'les chercher tretous ; tu verras, tu verras !.....
--- *Ecoutez donc, maman, avant d'y aller... quel âge a l'pus jeune des*
trois ! --- Mais, ma p'tite i' peut avoir ent' soixante et soixante et quinze...
--- Oh ! maman, c'est trop vieux, ça ; c'est accoutumé à l'ancien ré-
gime ; ça n'épourra jamais s'faire au nouveau ; c'est incorrigible...
            (*Elle fait tourner son rouet avec force.*)
    Ces gens là n'ont rien qui m'flatte ;
        Je n'veux pas
    D'un époux aristocrate ;
        J'n'en veux pas.....
Oh ! j'ai pris mon parti ; t'nez, j'vous dis que.....
    M'faut queuq'z'un qui soit au pas.   (5 *fois.*)
                        (*Le curé sourit.*)

NIGAUDINET.

Tiens, tiens, regarde donc, Nannette !
Not' ci-devant curé, qui rit d'ta chansonnette !

NANNETTE.

Oh ! c'est pas-t-un cagot ;

NIGAUDINET.

C'est pas d'ces charlatans
Qui v'nont dire aux français : J'vous ai trompé vingt ans ;
Et tout c'que j'vous ai dit, messieux, c'étoit pour rire ;
J'n'en croyois rien ... Coquins ! n'falloit donc pas nous l'dire !

NANNETTE.

Oh ! si tous les curés r'sembloient à celui-là,
Gniauroit pas eu tant d'train, oui dà !

LE CURÉ, *venant à eux.*

Mes amis ! mes amis ! Ah ! je vous en supplie !
Point de comparaison et point de flatterie ;
Si j'ai fait mon devoir, si j'ai fait quelque bien,
C'est que j'ai toujours cru que soulager son frère,
Etoit le premier soin du sacré ministère,
Et qu'avant d'être prêtre on étoit citoyen....
Sans doute il est coupable, et plus qu'il ne le pense,
Ce ministre égaré, qu'un zèle aveugle perd,
Et qui nuit le premier à la cause qu'il sert ;
Mais plus encor celui qui, bravant la décence,
Déserte lâchement l'autel qui l'a nourri,
Et condamne son vœu, parce qu'il l'a trahi....
Mais la foiblesse a droit sans doute à l'indulgence,
Quand la mort si long-tems paralysa la France ;
Ma bouche avec vous tous ne s'ouvrira jamais
Que pour solliciter le pardon et la paix...
Je puis être blâmable aux yeux d'un politique ;
Mais, moi prêtre, la paix est toute ma logique.

ÉLISE.

Mon père enfin, n'a plus les yeux sur moi !
Enfin de mon amant, je puis me faire entendre...

ALAIN, *au curé.*

Servez-vous donc, pour nous, de cette pitié tendre,
Qui pour les malheureux vous fit toujours la loi !

ÉLISE.

N°. 7. Air (du Cousin-Jacques.)

Ces fleurs toujours fraîches écloses,
Sans mon Alain n'ont plus d'attraits ;
Et ce treillage, au lieu de roses,
Semble n'offrir que des cyprès.   (*bis.*)

ALAIN, *très-agité.*

C'est Elise ! el'e est là ! ne pourrois-je avec elle,
   M'entretenir un seul instant ?

NIGAUDINET.

Eh ben, moi, pour Nannett' je n'sis pas si pressant....
Parc'que j'la vois quand j'veux... T'i'pas vrai donc, Mamselle.

(Même air, *en Duo.*

ALAIN, *pressant le Curé.*   ELISE, *joignant les mains de*
                                        l'autre côté.

   O bon pasteur ! dès notre enfance,
   Vous nous chérîtes tous les deux !
   Guidez encore cette innocence.
   Qui toujours préside à nos feux !

LE CURÉ.

Mes enfans, j'ai pour vous conçu certains projets,
Qui dans ces lieux, je crois, ramèneront la paix.
Je veux, en terminant disputes, calomnies,
   Voir par mes soins, s'il se peut, dès ce soir,
      Vos deux familles réunies.
Depuis assez long-temps mon cœur souffre de voir
Les esprit échauffés se déclarer la guerre ;
Les reconcilier est mon premier devoir.

NIGAUDINET.

   Si c'est aisé, j'crois qu'ça n'lest guère ?
Hum, hum....

LE CURÉ.

      N'importe ; il faut, afin d'y parvenir,
Essayer tout ; et, si ma tentative est vaine,
La bonne intention, dans ce cas, à la peine,
      Semble mêler quelque plaisir.
Je vais tout disposer.... *Il revient.* Nigaudinet, écoute ;

NIGAUDINET, *descendant de l'échelle.*

Me v'là, Monsieu' l'Curé....

LE CURÉ.

      Non, reste....

NIGAUDINET.

                              Ah ! ah !

LE CURÉ.

                              De toi.

J'aurai besoin plus tard....

NIGAUDINET.

      C'est drôle !.....

NANNETTE.

Est-c'que c'est moi.

Qui ?.....

LE CURÉ, *s'en allant.*

Justement ; venez.

NIGAUDINET.

Sans doute.

(*Nannette sort avec le Curé.*)

SCENE III.

ALAIN, NIGAUDINET, *d'un côté*; ELISE,
de l'autre.

ALAIN, *appellant de l'autre coté.*

Elise ! un mot, de grace !

ÉLISE.

Encore quelques instans !
Je vais voir ce que fait mon père ;
J'apprèhende trop sa colère,
S'il vous voyoit ici....

ALAIN.

• J'attends !

(*Elise remonte chez elle.*)

SCÈNE IV.

ALAIN, NIGAUDINET.

NIGAUDINET, *dans le jardin du Curé.*

Mais dit'moi donc, Monsieu', comment qu'c'est i'possible
Qu'un homm' d'esprit comm' vous n'puisse pas trouver l'moyen
D'parv'nir à s'épouser ?

ALAIN.

Ma mère est inflexible ;
Et M. Thomas n'entend rien.

NIGAUDINET.

Mais, pardin', semb'e à voir q'si j'étions à vot' place,
Jusqu'à c'que j'sois marié, pour n'avoir pas d'disgrace,
J'ferions semblant d'penser comme ceux
Dont auquel que j'dépendrois d'eux....
Et pis t-après.

ALAIN.

Non, non ; je ne suis point la cause
De leur division......

NIGAUDINET.

Mon Dieu ! la drôl' de chose
Q'l'orgueil et q'l'entêt'ment ! l'un dit *oui*, l'aut' dit *non*
Et chacun dit qu'il a raison.

ALAIN, *en se promenant avec agitation.*

Et ç'est cette absurde manie.
Dont l'aveugle fureur devient épidémie,
Qui, troublant les esprits de nos cultivateurs,
Au hameau, sous le chaume, a divisé les cœurs.
Ces gens dont la dispute aigrit les caractères,
Qui forment des soupçons, des partis pour des riens,
Se souviendroient assez qu'ils sont des citoyens,
S'ils n'oublioient pas qu'ils sont frères.

NIGAUDINET.

Eh ben, c'est parler, ça.... vous et' savant, oui dà !
Mais comment c'qu'i' faut qu'on vous nomme ?
Est-c'ti démocrate ?

ALAIN.

..........Eh ! qu'on soit ce qu'on voudra,
Pourvu que l'on soit honnête homme.....
Ah ! quelle erreur cruelle et quelle absurdité,
De s'obstiner sans cesse à tourmenter ses frères,
Parce qu'ils sont d'avis contraire,
Au lieu de les juger sur leur moralité !....
Est-on juste, loyal, propice à l'indigence ?
Chérit-on les humains ? obéit-on aux loix ?
De la nature, enfin, respecte-t-on les droits ?
On est bon patriote.... Et, par-tout comme en France,
Toujours de son pays on a bien mérité,
Quand on sait les devoirs de la paternité :
Quand on est bon époux, bon père, ami sensible,
Au sordide intérêt toujours inaccessible....
Irai-je sur un mot juger l'individu ?
Pour son opinion condamner sa vertu ?
On ne m'éblouit point par l'éclat d'un sophisme ;
Ma conscience, à moi, voilà tout mon civisme.

NIGAUDINET.

N°. 8. Air : (du Cousin-Jacques.)

C'est aussi comm'ca q' pense
Vot' p'tit sarviteur.
Ben loin d'êt' enn'mi d'la France,

> J'l'aime' d'tout mon cœur:
> Cnia qu'au seul parti qui m'flatte,
> C'ti-là d'la raison.
> J'veux ben êr' aristocrate,
> Si j'sis bon garçon.

> Quoiqu'c'est que c'te litanie
> D'tous nos compagnons
> Qui pardont l'pus bieau d'leur vie
> A faire des motions !

Montrant son rateau.
> Pour moi : v'là ma porlitique
> Sans tant d'embarras.
> Ma motion patriotique
> Est au bout d'mes bras,

> C'touvrier qu'a la sottise
> D'faire l'potentat
> F'roit mieux d'avoir pour divise !
> Chacun son état.
> Messieux d'la philosophie!
> Faut vous en souvenir ;
> C'ti là sert ben sa patrie,
> Qui sait la nourrir.

NANNETTE, *paroissant à la porte du Curé.*

Nigaudinet.....

NIGAUDINET.
V'là qu'on m'appelle....

A Alain.

Excusez, dà. *à Nanette*, v'là que j'men vas, Mam'selle.

A Alain.

Ah ! ca, j'dis ; vous v'là seul ; Mam'selle Elis' va v'nir
D' l'aut' côté par-là bas ; songez qu'faut d'la prudence !
Parlez-li ; mais d'la voir c'mur-là vous fait défense !
Faut, en attendant mieux, s'contenter du desir.

ALAIN.
Hélas ! je le sais trop !

NIGAUDINET.
Ayez bon' espérance.

Il prend son mouchoir et pleure.

Adieu, mon p'tit Monsieu' Alain....

A part en riant.

Il est gentil ! *Il pleure encore.* Allez ; je vous plains !

Il sort.

SCÈNE V.

ALAIN, *seul.*

Dans ces troubles divers qui fomentent les haines,
J'ose entrevoir pourtant le terme de nos peines ;
Quand l'erreur trop long-tems nous porte à deux excès,
La vérité finit par gagner son procès...
Déjà l'on s'apperçoit que le peuple des villes
Aspire en gémissant à des jours plus tranquilles ;
Et les sentimens doux, remplaçant la fureur,
Ont à plus d'un Français fait retrouver son cœur.

N°. 9. Air : (de M. Gaveaux.)

Sur la France un nuage épais
Prolongeoit l'horreur de son ombre ;
La France hélas ! dans la nuit sombre
Sembloit retomber pour jamais !.....
Nous la verrons renaître encore
Par un miracle du destin !
Car le moment de son déclin
Devient celui de son aurore.   (*bis.*)

SCÈNE VI.

ALAIN, *dans le jardin du Curé* ; ELISE, *dans l'autre jardin.*

ÉLISE, *raccourant.*

Mon père est endormi ; profitons du moment
Pour entretenir mon amant.

ALAIN.

La voilà ! *plus bas.* Si je puis concerter avec elle
Les moyens de nous voir sans craindre les témoins !....
Ici j'ai toujours peur ; tapi dans quelques coins
Un jaloux, un argus peut-être en sentinelle.

N°. 10. Air : (du Cousin-Jacques.)

Elise ! apprends-tu comme moi
A gémir de l'absence !

ÉLISE.

Alain ! mon cœur rempli de toi
Partage ta souffrance !

ALAIN.

De notre sort plein de rigueur
L'amour nous dédommage ;

ÉLISE.

Par-tout, ainsi que dans mon cœur,
Il grave ton image.

(*Ensemble, en duo.*)

Par-tout, ainsi, etc.

ALAIN.

Elise, en attendant que notre protecteur
Des auteurs de nos jours ait fléchi la rigueur,

B

Ne seroit-il donc pas possible
D'indiquer pour nous voir un lieu sûr et paisible ?

É L I S E.

Mais.... mon père.... attendez ; il me vient dans l'esprit....
Mais quelqu'un pourroit nous entendre,
Et jusqu'au rendez-vous on viendroit nous surprendre ;
J'aime mieux vous donner mon projet par écrit.

A L A I N.

Par écrit ? eh bien ; soit...

É L I S E.

Je n'ai rien pour écrire....

Elle fouille dans ses poches.
Ah ! voici du papier.... auriez-vous un crayon ?

A L A I N, *fouillant dans ses poches.*

Un crayon ?... justement....

É L I S E.

Ah ! bon ;

Jettez-le moi... *Il le jette par-dessus le mur.*
Fort bien ! (*à part.*) C'est l'amour qui m'inspire !

Elle écrit......

A L A I N, *prenant un couteau.*

A part.
Moi. pendant ce tems-là, je veux avec ce fer,
    Tracer sur ce mur redoutable ,
    Le nom de tout ce qui m'est cher.
Il écrit sur le mur...

E L I S E, *pliant le billet.*

Puisse luire sur nous un jour plus favorable !
Alain s'approche du mur comme pour le baiser.

SCENE VII.

ALAIN, ELISE, NIGAUDINET.

NIGAUDINET, *s'arrête tout court.*

Mais ! mais ! j'tombe d'mon haut ! est-c'qu'il est d'venu fou,
L'jeune homme ? oh ! sûr ; il a son esprit je n'sais où.
    Quoi ? vous embrassez c'te muraille ?

A L A I N, *lui montrant le nom d'Elise.*

Eh ! tu ne vois donc pas..

N I G A U D I N E T.

J'voyons ; pasbleu ! j'voyons...

Un' pierre , et pis v'là tout.. embrassez çà, j'disons
    Que c'n'est embrasser rien qui vaille...
Il veut imiter Alain , et baise plusieurs endroits du mur.
Ironiquement.
    Ah ! mon cher mur ! j'vous aim' tant !
    Vous êt' si genti', si charmant !
Ah ! mon p'tit ami l'mur !

ALAIN.

Laisse-moi, je te prie ;
Et trève de plaisanterie.

NIGAUDINET, *emportant l'échelle du jardin.*

J'vous laisse aussi ; pas tant d'courroux ;
Je n'v'nons pas vous troubler ; oh ! je n'sis pas jaloux ;
Gnia pas d'quoi ; j'v'nons seul'ment pour emporter c'te échelle ;
Parc'que monsieu' l'Curé dit com'ça q'pour ce soir
Faut que l'jardin soit libre... au r'voir ;
Bas. Vot'belle en fait autant sans doute ? *il crie* adieu, mamselle.
Oh ! vous pouvez tous deux, sans gêne, embrasser l'mur...
Et l'caresser tout à vot' aise ;
Moi, quant j'embrass' qu'eul'chose ; i' faut, n'vous en déplaise.
Q'ça n' soit pas tout-à-fait si dur.

Il sort en riant et en faisant signe que ces deux amans sont fous.

SCÈNE VIII.

ALAIN, ELISE.

ELISE, *se disposant à jetter le papier.*

Nº. 11. Air : (de M. Gaveaux.)

Prenez donc vite ce papier
De crainte de surprise.

ALAIN.

Je ne veux me l'approprier
Que dans la main d'Elise.

ELISE.

Comment atteindre jusques-là !
Je tremble de risquer cela...   (*bis.*)

ALAIN.

Montez un peu sur le treillage ;
Un peu d'adresse et de courage...

ELISE, *montant.*

Allons ; m'y voilà...

ALAIN, *montant aussi.*

Plus haut que cela...
Encor plus haut...

ELISE.

J'y suis enfin...

ENSEMBLE.

Allons ; passez-moi votre main.   (*bis.*)

Ils se touchent la main, et Elise tient le billet de l'autre main.

Pendant ce duo, Thomas se frotte les yeux, voit sa fille au haut du mur et fait signe qu'il va la surprendre au jardin.

SCÈNE IX.

ALAIN et ELISE *au haut du mur ;* THOMAS *arrive en baillant et se frottant les yeux.*

ELISE.

Ne perdons pas de tems....

THOMAS, *arrachant doucement le billet de la main d'Elise...*

Ah ! ah !

ELISE, *descendant avec effroi.*

Grand Dieu ! mon père !

ALAIN.

Son père ! ah ! ciel ! vite donc ; le billet.

THOMAS, *criant.*

Nennin, Nennin ; j'avons ce bieau billet...

ALAIN, *consterné, descend et écoute.*

Que faire ?

ELISE, *d'un ton boudeur.*

Pourquoi le prenez-vous ?

THOMAS.

Ah, ah ! Pourquoi ? J'espère

Que j'som' ben l'maître ici...

ELISE, *fâchée.*

C'est être trop sévère ;

Ce n'est pas pour vous qu'il est fait.

THOMAS, *vivement.*

N°. 12. Air : *Elle l'aimoit si tendrement.*

N'faut pas aimer, n'faut pas aimer...

Il contrefait sa fille.

» Hélas ! c'est' grand dommage ?
» Mon papa , s'peut i' qu'à mon âge
» I' m'soit défendu d'm'enflammer ?
De nos filles , v'là le langage,
Drès qu'all's ont atteint leux quinze ans,
Ça vous raisonne d'sentimens,
Et pis ça s'lass' déjà d'êt' sage !....

Sévèrement.

Moi, jé n'veux pas qu'on fass' l'amour ;   (bis.)
Ça peut jouer un trop vilain tour...

THOMAS.   **ELISE.**

Ça peut jouer un trop vilain tour!   N'faut i' pas q'chacun ait son tour !

THOMAS.

Parc' que j'li prends son billet doux.

Il contrefait sa fille.

« Hélas ! c'est grand dommage !
» Mon cœur a dicté c'bieau langage ;
» Papa ! pourquoi m'l'arrachez-vous ?»
Mais moi, j'prétends qu'un' fill' qu'est sage
N'fasse rien sans mon consent'ment,
Qu'al' n's'avise pas d'avoir d'amant,
Ni d' l'i envoyer d'son griffonage.....

Sévèrement.

Car je n'veux pas qu'on fasse l'amour ;   (bis.)
Ça peut jouer un trop vilain tour.

THOMAS.   **ÉLISE.**

Ça peut jouer un trop vilain tour.   N'faut-i' pas q'chacun ait son tour !

THOMAS, *prend des lunettes avec importance.*

Vas ; t'as ben du bonheur de c'que je n' sais pas lire ;
Il déchire le billet.
  Tiens ; v'là l'cas que j'fais d'ton billet...
Au Public.
Et d'où vient tout c'mal-là ? de c'que j' l'ons fait instruire.
  Alle elle savante, et v'là c'qui fait
Qu'alle écrit tout courant ! on a cru m' rend' sarvice
En li baillant d' l'étude .. eh ben, non.

ELISE, *en colère.*

  Quel caprice !
  Vous pensiez tout différemment,
Avant qu'un fol orgueil vous eut troublé la tête...
  Et vous regardiez mon amant
  Comme un parti sortable, honnête...

THOMAS.

  Ah ! ça ; ma fille, je n'dis pas non ;
  Alain m' sembloit un bon garçon ;
Mais, j'dis ; on sait c'qu'on sait ; d'puis la révolution ,
Si j'ons changé d'avis, c' n'est point z-à-propos d' botte ;
Tu n'épous'ras jamais que l'fils d'un patriote...

ELISE, *vivement.*

Patriote ! eh ! ce sont des mots !...
On vous abuse...

THOMAS, *gravement.*

  Ah ! pas d'propos !...

ELISE, *en colère.*

Oui, c'est avec des mots que l'on perd sa patrie ;
Et c'est avec des mots que tous les scélérats,
Se jouant sans pudeur de votre bonhomie,
Ont couvert leur pays d'opprobre et d'attentats !

THOMAS, *interdit.*

Attentats !... c'est fort ben ; je n'veux pas q'tu t'chagrines ;
J'sis ton père, et j't'aimons ; quand à ça, tu l'sais bien,
  J'sis tout prêt à n'te r'fuser rien...
Veux tu v'nir boire un coup ? un' chopin' ; deux chopines ;
Trois, quat', ça m'est égal...

ELISE.

  Et ! vous parlez toujours
  De boire ! à votre fille, encore !

THOMAS.

Et toi, tu n' m'entretiens jamais que d'tes amours ;
Parc'que t'as un amant, tu veux qu'ton pè' l'adore !

B 3

SCENE X.

ALAIN, ELISE, THOMAS, Dame BLAISE.

Dame BLAISE, *entrant dans le jardin du Curé.*

A son fils.

Que faites-vous ici, monsieur ? allons, voyons,
Parlez, expliquez-vous ; donnez-moi des raisons ;
Eh bien ? parlerez-vous ? vous gardez le silence !
Vous sentez votre tort... quand, malgré ma défense,
Vous vous trouvez ici ! le Curé, je le sens,
Mérite à tous égards vos soins reconnoissans ;
Quant à moi, je l'estime on ne peut davantage ;
Mais enfin, je l'ai dit : je crains le voisinage...
Dussiez-vous enrager, je suivrai mon projet ;
Et la fille à Thomas n'est point du tout mon fait...

THOMAS.

A part.

Et la fille à Thomas ! voyez quentle arrogance !
Al' n' peut pas dir' : Monsieur Thomas !
Ça li' écorch'roit la bouche...

Dame BLAISE, *à son fils.*

Il ne parlera pas !

ALAIN.

Ma mère...

Dame BLAISE.

Il sent trop bien toute l'insuffisance
De ses raisonnemens ! monsieur, je vous l'ai dit,
Je vous le dis encore ; il faut changer d'amante ;
Elise a, je le sais, du bon sens, de l'esprit,
Mais son père est un homme à tête extravagante ;

ALAIN.

Ma mère, écoutez-moi...

Dame BLAISE.

C'est un franc ignorant...
Un crâne, un orgueilleux, un butor, un pédant...

ALAIN.

Ma mère !...

Dame BLAISE.

Un homme à craindre ; un hableur en démence...

ALAIN.

De grâce !...

Dame BLAISE.

Un harangueur, ami de la licence...

ALAIN.

Ma mère...

Dame **BLAISE**.

Et je défends que sa fille avec vous
Ait le moindre rapport...

ALAIN.

Mais...

Dame **BLAISE**.

Billets, rendez-vous;
Tout cela me déplaît, me choque, me chagrine,
M'irrite, me désole... ailleurs je vous destine;
Et, dût votre fortune en dépendre aujourd'hui,
Je ne voudrois jamais renouer avec lui...
Vous ne répondez rien ? Si je suis trop sévère,
Prouvez-le moi, voyons; je vous attends...

ALAIN.

Ma mère...

Dame **BLAISE**.

Brusquement et très-vîte.

N°. 13. Air : (*Des portraits à la mode.*)
On voyoit jadis tous nos jeunes gens
Ne former un choix qu'après leurs parens,
Se faire une loi d'être obéissans...
C'étoit l'ancienne méthode...

ALAIN.

Mais, écoutez-moi donc...

Dame **BLAISE**.

Parle, allons; je t'écoute;
Elle continue.

Aujourd'hui l'on voit tous nos jeunes gens
Quand ils ont à peine atteint leurs seize ans,
Traiter sans égards papas et mamans,
Voilà la morale à la mode !

ALAIN.

Vous manquai-je jamais de respect?

Dame **BLAISE**, *en colère.*

Oui, sans doute...

THOMAS, *à sa fille.*

Avec une lenteur ironique.

Même air.

Ma fille, autrefois quand j'voyois Alain,
V'nir à la maison du soir au lendemain,
J'souffrois d'un bon cœur son amour et l'tien;
Alors c'étoit ma méthode.
Au jour d'aujourd'hui, maugré ton chagrin;
J'voulons, j'prétendons q'tu n'aim' pas Alain,

Si tu l'vois queuq' part, tu pass'ras ton ch'min ;
Voilà la morale, à ma mode !

Dame **BLAISE**.

Oh oh ! Monsieur Thomas ! cessez ce grand courroux,
Cet amour me déplaît encor bien plus qu'à vous.

THOMAS, *à sa fille*.

J'te dis qu'i gnia rien qui m'déplaise
Autant qu'tout c'qu'a rapport aveuc c'te Madame Blaise...

Dame **BLAISE**, *criant*.

Madame Blaise vous vaut bien !

THOMAS, *à sa fille*.

Al' n'a pas l'sens commun ; c'est un' femm' qui n'vaut rien.

Dame **BLAISE**, *furieuse*.

N°. 14. Air : (du Cousin-Jacques.)

Je crois que le voisin raille ;
Vit-on semblable canaille,
Oh ! oui ; sans cette muraille,
Je le lui revaudrois bien...   (*bis.*)

Elle fait un geste de dépit ; Alain tâche de l'appaiser.

THOMAS, *en colère*.

La voisine est là qui glose ;
Si j'la tenions, et pour cause,
Je voudrions ben voir qu'all' ose
J'ter des pierr' dans mon jardin.   (*bis.*)

*Il fait des gestes comme madame Blaise ; Elise tâche de l'appaiser,
comme Alain.*

ALAIN, *à part*.

Ils se brouillent plus que jamais ?

ELISE, *à part*.

Cela va mal ; adieu la paix !

THOMAS et Madame **BLAISE**.

Même air (en Duo.)

Dame **BAISE**.	**THOMAS**.
Ah ! Thomas ! si je me fâche !	Madam' Blaise , si je m'fâche,
Après vous si je m'attache,	Après vo' peau si j'mattache,
Vous n'aurez point de relache,	Vous n'aurez jamais de r'lâche,
Que vous ne le payiez cher. *bis.*	Q'vous n'me l'ayez payé cher. *bis.*
Gardez , gardez votre fille,	Moi , j'voulons garder ma fille ;
Entrer dans votre famille,	L'honneur d'être d'vot' famille,
N'est pas un honneur qui brille,	Jarnigoi ! n'a rien qui brille,
Assez pour qu'on en soit fier.	Tant q'i' faille en êt' si fier.
4 fois.	*4 fois.*

SCÈNE XI.

LES ACTEURS PRÉCÉDENS, LE CURÉ.

LE CURÉ, *à Dame Blaise.*

Quel éclat ! Quoi ? chez moi . sans égard pour mon âge
Et pour mon caractère , une femme... d'esprit
De bon sens, du public bravant le discrédit,
    Vient troubler tout le voisinage !

Plus haut.

Et vous , Monsieur Thomas, si paisible autrefois !
Réputé pour l'ami du bon ordre et des loix ,
    Vous donnez à tout mon village
L'exemple de la haine ! ah ! soyez donc plus sage !

N°. 15. Air : (du Cousin-Jacques.)

La nature vous a faits pères
Pour le bonheur de vos enfans ;
La loi vous dit d'être sévères,
Le cœur vous dit d'être indulgens.
L'enfant est de tous les humains
Le premier qui vous intéresse ;
Si le pouvoir est dans vos mains ,
Dans votre cœur est la tendresse.

THOMAS , *confus, remontant chez lui.*

A part.

Il a morgué raison ! moi , je n'sçais q'li répondre ;

Haut.

    Viens-ça , ma fille, rentrons cheux nous.

                Il s'en va avec sa fille.

ELISE , *suivant son père.*

A part.

    Ce conseil l'a rendu plus doux...

      Dame BLAISE , *s'en allant aussi.*

A part.

Ce Pasteur vertueux sait toujours me confondre ;
Un seul mot de sa part m'avertit de mes torts !
Viens , mon fils...

      ALAIN , *suivant sa mère.*

A part.

      Pour la vaincre il faudra moins d'efforts ...
    Ah ! les méchans auront beau dire ;
De la vertu par-tout on respecte l'empire !

SCENE XII.

LE CURÉ, *seul.*

A voir leur air embarrassé , confus ,
Je juge que mes vœux ne sont pas superflus.
Un pacte d'union sincère et solemnelle ,
Avant la fin du jour couronnera mon zèle ;
J'ose au moins l'espérer ! Nannette et mon valet
Vont de tout leur pouvoir seconder mon projet !...

Nº. 16. Air : (du Cousin-Jacques.)

Existe-t-il sur la terre
Un plus noble ministère
Que celui dont les -succès.
   Raminent la paix !   (*bis.*)
Vous qui tenez la puissance ,
Dévouez votre existence ,
Immolez tous vos projets
Pour avoir la paix
   En France ,
Pour avoir la paix.   (*bis.*)

Second couplet.

Tout s'accorde pour nous dire
Qu'il est tems que cet Empire
Ne s'applique désormais
   Qu'à ravoir la paix.   (*bis.*)
O , si j'avois quelqu'aisance !
Au risque de l'indigence ,
De bon cœur je l'offrirois
Pour avoir la paix
   En France ,
Pour avoir la paix !   (*bis.*)

Il rentre.

FIN DU PREMIER ACTE.

Ici un court entr'acte pour l'Orchestre , de la composition de M. Gaveaux.

ACTE II.

Même décoration, excepté qu'il y a une longue table dans le jardin de M. Thomas, couverte d'un tapis verd, sur laquelle il est occupé à ranger des bouteilles et des verres; et Nigaudinet, dans l'autre jardin, arrange des bancs contre les murs, quand on lève la toile.

SCENE PREMIERE.

NIGAUDINET, THOMAS.

NIGAUDINET *regarde les bancs qu'il a rangés, avec un rire de satisfaction, et il s'égaie pendant la ritournelle, en se disposant à chanter.*

Duo. Nº. 17. Air (du Cousin-Jacques.)

Thomas écoute avec surprise, de l'autre côté.

CHANTONS gaîment la chansonnette,
Tallala, la la la, la la la;
Bientôt ici la paix s'ra faite,
Talla la, la la la, la la la.
Bientôt on dans'ra sur l'herbette,
Talla la, la la la, la la la.

La ritournelle. Il danse.

Bientôt j'épous'rai ma Nannette,
    Tout' drolette,
    Gaillerette,
    Gentillette,
    Joliette.

Il saute avec transport.

    Ouf!...
    Talla la, la la la, la la la.

Il danse niaisement pendant la ritournelle.

THOMAS.

Dieu m'pardonne, c'Nigaudinet
Dans' là tout seul comme un benêt;
J'crais q'c'est pour me narguer; si ça n'tient qu'à la danse,
J'peux ben l'narguer itout.... Allons, zeste, en cadence...

    Même air.

Nigaudinet écoute avec surprise.

    Quand la constitution s'ra faite.

Talla la , la la la , la la la.
Quand la libarté s'ra complette,
Talla la', la la la , la la la....
Nous irens boir' sous la coudrette,
Talla la , la la la , la la la....

Il danse pendant la ritournelle.

SCÈNE II.

NIGAUDINET , THOMAS , NANNETTE , *entrant d'un côté , parodie Nigaudinet ;* **ELISE ,** *entrant de l'autre côté , parodie son père.*

En Duo.

NIGAUDINET , *dansant.*	THOMAS , *dansant.*
Bentôt j'épous'rei ma Nannette,	Nous chanterons la chansounette,
Tout' drôlette,	Tout' drôlette ,
Gaillerette,	Gaillerette ,
Gentillette ,	Gentillette ,
Joliette,	Joliette ,
Ouf !.....	Ouf !....
Il saute.	*Il saute.*
Talla la . la la la, la la la.	Talla la , la la la , la la la.
Il danse avec Nannette pendant la ritournelle.	*Il danse avec Elise pendant la ritournelle.*

Tout-à-coup Thomas apperçoit sa fille, et Nigaudinet apperçoit Nannette ; ils se regardent tous les quatre en silence.

NANNETTE.

V'là c'qui s'appelle et' gai ! c'est fort ben, moi j't'imite....
Elle l'aide à ranger les bancs.

ÉLISE.

Vous voilà bien joyeux ; votre exemple m'invite
A faire trève à mon chagrin.....

NIGAUDINET, *à Nannette.*

Faut rattisser c'te allée.....

THOMAS, *bas , à Elise.*

I' sont-là dans c'jardin ,
Qu'ont l'air de s'gosser d'nous ; mais j'leu' rends la pareille,
Com' tu vois ; i' dansont ; j' danse itout....

ÉLISE.

A merveille....

A part.
Profitons de sa belle humeur.
Haut.
Votre gaîté , mon père, auroit bien plus de charmes ,
Si vous finissiez mes alarmes
En consentant à mon bonheur !

THOMAS.

Mais j'te l'ai déjà dit ; excepté ton mariage ,
'Tout c'que tu veux, je l'veux... fais com' moi ; tiens... j'sis sage ,
Moi , je ne n'veux pas du tout m' marier ; oh ! pas du tout.

ÉLISE.

Belle comparaison !

THOMAS.

Eh ! j'dis, j'sis encor d'âge
A trouver z–un parti ; mais c'est pas là mon goût.....

Il boit.

ÉLISE.

Au moins devriez–vous laisser à la jeunesse
Les doux plaisirs de la tendresse ;
Les sentimens , mon père , ont leur saison ;
C'est aux fleurs de l'amour que je dois rendre hommage,
Et vous , aux fruits de la raison....

THOMAS.

Tu fais l' prédicateux ;

ÉLISE.

Chacun a son langage.....

N°. 18. Air (du Cousin-Jacques.)

°e une gaîté ironique.

Il est passé , comme un beau songe ,
Ce tems d'amour et de plaisir !
C'est exister par le mensonge
Que d'exister par souvenir !.....
Par souvenir.....
Vieillards , que l'amour abandonne ,
Laissez en paix les jeunes gens.....
Jouissez des fruits de l'automne ;
Nous aurons les fleurs du printems.

Second couplet.

C'est abuser de la vieillesse :
L'amitié , quand l'amour nous laisse,
Nous offre encor tous ses attraits ,
Tous ses attraits.....
Il faut , quand la retraite sonne ,
Ne plus songer à nos beaux ans....
Car alors les fruits de l'automne
Valent bien les fleurs du printems.

THOMAS, *embarrassé.*

Va , j'navons qu'faire d'tes sarmons ;
Au lieu q'de m'régenter , viens sans fair' d'façons
Préparer avec moi c'qu'i faut pour la séance ;
Vl'à qu'al va commencer....

ÉLISE, *s'en allant avec lui.*

A part.

Allons, obéissons;
Les projets du curé me rendent l'espérance !

SCENE III.

NIGAUDINET, NANNETTE.

NIGAUDINET.

Ah ! v'là qu'i' sont rentrés !.... Nannette.....

NANNETTE.

Eh bien ?

NIGAUDINET.

Di donc ; est c'que tu crois q'c'est pour tout d'bon
C'qu'a dit Monsieu' l'curé ?

NANNETTE.

Pardi ! sûr'meut q'sans doute ;
C'est qu'en établissant un *club* dans son jardin
Il a l'projet d'met' en déroute
S'ti' là qu'est établi dans l'jardin du voisin.

NIGAUDINET.

Mais.... queuq'ça li fait, *c'croub*, c'est donc par jalousie ?

NANNETTE.

Pas du tout.

NIGAUDINET.

Pourquoi donc ?

NANNETTE.

Pardine ! j'n'en sais rien,
Mais stapendant ça s'd'vin' bien.

NIGAUDINET.

Toi, qu'as pus d'esprit q'moi, d'vin' le donc; j' t'en défie....,

NANNETTE.

Ça n'est pas mal aisé.....

NIGAUDINET, *frappant du pied.*

Di....

NANNETTE, *ironiquement.*

C'est bien difficile.....

NIGAUDINET, *en colère.*

Di l'moi donc.....

NANNETTE.

Est c'que j'sais ? mais v'là Monsieu l'curé ;
I' t' l'expliqu'ra mieux q'moi....

SCÈNE IV.

LE CURÉ, NIGAUD ET, NANNETTE.

LE CURÉ, *une grande lunette à la main.*

À part.

Je me sais bien bon gré
De mon invention ; ma servante est habile,
Elle retiendra bien ce que je lui dirai.....
Nigaudinet sera docile ;
Par ce double secours enfin je parviendrai
A voir ma commune tranquille.

Haut.

Ah ! bon, mes chers amis ; je vous trouve à propos....
Je ne vous ai dit qu'en partie
Le plan que j'ai tracé.... Lorsque la compagnie
Des villageois gais et dispos
Qui ne sont pas du *club*, ici sera rendue,
Vous viendrez tous les deux vous offrir à sa vue,
Déguisés en aventuriers ;

NIGAUDINET, *d'un air important.*

C'est bon.

NANNETTE.

C'est bon.

LE CURÉ.

Alors vous chanterez (sans rire)
Les couplets que je viens d'écrire ;
Et dont j'ai fait plusieurs petits cahiers....

NIGAUDINET.

Comment c'que j' les chant'rai, si je n'sais pas les lire ?

LE CURÉ.

Tu les sais dès long-temps ; il ne faut qu'avoir l'air....
De.....

NIGAUDINET.

C'est bon ; j'vous comprends.... faudra t'et' grave et fier....
Il se rengorge.
Com'ça : n'est c' pas ?

LE CURÉ.

Fort bien.....

NIGAUDINET.

J'varrai com' f'ra Nannette ;
Et j'f'rai tout comme all' f'ra.....

LE CURÉ.

ens, prends cette lunette.....

NIGAUDINET, *stupéfait.*

A quoiq'ça sert, c't'y   au là ?

LE CURÉ, *en riant.*

Ce meuble-ci te servira
A te donner un air d.... un air d'astronomie....
On te croira savant, versé dans la magie ;
Et comme un philosophe on te respectera.....
Et, si, malgré mes soins, on découvre ma ruse,
Le but où nous tendons, nous servira d'excuse.

NIGAUDINET, *pensif.*

Astronomie ! Ah ! diante ! il est genti', c'mot-là....
Firsolote ! Ah ! mon Dieu !...., c'est une fier' chose qu'çà!....
Et vous dit' donc qu'la paix s'ra faite
Par la vertu de c'te lorgnette ?

LE CURÉ, *avec une emphase ironique.*

Nº. 19. Air : (du Cousin-Jacques.)

Cet instrument sert à plus d'un usage ;
On ne voit rien ; on dit toujours qu'on voit.
Un charlatan a bien de l'avantage
S'il fait valoir l'éclat qu'il en reçoit.
Le peuple aussi rendant l'erreur complette,
Dupe des mots d'un flatteur caressant,
Voit son mérite avec une lunette ;
C'est pour cela qu'il lui paroit si grand.   *Bis.*

Second couplet.

Au public.

Voyez ... ssi, dans mainte conjoncture,
Ce rimailleur, qui croit être parfait,
Aimant ses vers, sans goût et sans mesure,
Plus que l'Iris pour laquelle il les fait.
Sur ses rivaux il braque sa lorgnette,
Et franchement il en a bon besoin.
On se rapproche avec une lunette,
Des vrais talens, quand on en est si loin.   *Bis.*

NIGAUDINET.

C'est bieau ; c'que vous dit' là, monsieur l'curé, *bravo !*
J'y compernons rien ; mais c'est bieau !

NANNETTE, *émerveillée.*

A part.

Près d'un curé com'ça' ; dam' c'est q'faut en rabattre,
Au moins ; guia pas à dire ; il a d'l'esprit com' quatre.

LE CURÉ, *vivement.*

Mes enfaus, le tems presse ; allez vous disposer ; ·

NIGAUDINET, *s'en allant.*

Ah ! mon Dieu ! d'tout mon cœur.....

NANNETTE, *s'en allant aussi.*

J'nons rien à vous r'fuser....

NIGAUDINET, *revenant.*

A part.

Morgué , c'est du travail... *Haut.* Mais stapendant, not' maître,
Je n'compernons pas bien c'qu'i' résult'ra d'tout ça....

LE CURÉ.

Le succès vous en instruira.....

NIGAUDINET, *sortant avec Nannette.*

C'est possib'e qu'çà peut ben être.....

SCENE V.

LE CURÉ, *seul.*

Mon club s'appellera le *club de la Gaîté*,
Ce titre seul ramène à la tranquillité !
Club ! ce n'est pas le mot ; mais après tout , qu'importe
Que l'on fasse le bien ou d'une ou d'autre sorte ?
Un *club de bonnes gens*, mais vraiment *bonnes gens*,
Doit chez tout bon François trouver des partisans !
Rire un peu ! pourquoi non ? ce joyeux ministère
N'a rien d'incompatible avec mon caractère.....

(*Mezza voce.*)

Nº 20. Air : *Du petit mot pour rire.*

(*En confidence au public.*)
  Et les soupirs et les *hélas !*
  Ma foi, ne nous sauveront pas ;
    Quoiqu'on en puisse dire.
  Pour rétablir chez nous la paix
  On a plus besoin que jamais
    Du petit mot (*bis*) pour rire.

Second couplet.

  Ouvrages gais , propos joyeux
  Ne valent-ils pas cent fois mieux
    Que notre vain délire ;
  Et que tous ces doctes fatras
  Où le lecteur ne trouve pas
    Le petit mot (*bis*) pour rire.

Alain et sa mère arrivent gaîment pendant la ritournelle.

SCENE VI.

LE CURÉ, Dame BLAISE, ALAIN.

ALAIN, *avec chaleur.*

Ma mère enfin, monsieur, consent à mon bonheur,
Si vous réussissez à guérir la folie
De ce père entêté, mais dont l'excellent cœur
    Semble excuser la phrénésie.

Dame BLAISE, *très-vîte.*

Oui, monsieur le curé, oui, vos sages avis
M'ont enfin décidée en faveur de mou fils ;
Mais il faut du voisin changer le caractère ;
Il faut que ce vieux fou renonce sans délai
A ces clubs, ces partis d'un sentiment contraire.
Il faut qu'en ce village on soit uni, doux, gai,
Franc comme au bon vieux tems, ennemi du désordre ;
Qu'on travaille en repos et sans se quereller,
Que chacun, sans péril, ait le droit de parler....
Voilà ce que j'exige et n'en veux pas démordre.
Ah ! pardi, oui ! mon fils iroit former des nœuds,
Capables de troubler nos jours à tous les deux !
Dans son parti le père entraîneroit la fille ;
La femme, son mari ; mon fils m'éviteroit ;
Chaque instant nourriroit la haine, et l'on verroit
La dispute avec nous s'ancrer dans la famille....
Oh ! que non pas, non pas ! songez-y bien, curé ;
Ce village est perdu, si cela continue ;
Car la prévention d'un esprit égaré
    De père en fils se perpétue ;
Des malheurs à venir ce n'est là que l'exorde,
Comme on naissoit jadis ou noble ou roturier,
On naîtra querelleur ; en mourant le fermier
Aux siens, avec son fonds, léguera la discorde ;
Et les petits enfans de nos petits enfans,
Les armes à la main feront leurs testamens.

LE CURÉ.

Je suis ravi de vous entendre
    Vous exprimer sur ce ton-là.
Chez mon voisin je vais me rendre ;
    Ma visite le surprendra.....
Je veux de la raison lui parler le langage ;
   Il sort et revient.

Ce langage est toujours celui de la douceur ;
Veut-on savoir quel est le parti le plus sage ?
C'est celui qui n'a point d'humeur.   *Il s'en va.*

SCENE VII.

ALAIN, Dame BLAISE.

ALAIN.

N°. 21. Air (de M. Gaveaux.)

Duo.

Courage , allons , ma mère ;
J'admire en vous ces sentimens....
Plus la paix vous est chère ,
Et plus vos jours seront charmans.   *bis.*

Dame BLAISE.

Souviens-toi qua ta mère
A toujours eu ces sentimens....
La paix lui sera chère ,
Autant qu'à toi , dans tous les tems.   *bis.*

ALAIN.

Allons chez nous attendre
Ce qu'aura fait mon protecteur ;

Dame BLAISE.

Le voisin doit se rendre
Aux avis de ce bon pasteur.   *bis.*

ENSEMBLE, *en se retirant.*

Qu'un seul vœu nous rassemble
Pour le bonheur de tout Français ;
Unissons-nous ensemble
Pour desirer toujours la paix ;
La paix !
Pour desirer toujours la paix ,
La paix , la paix , la paix , la paix.

*Ils s'embrassent tendrement , et sortent en dansant pendant
la ritournelle qui expire dans le lointain.*
                              Planissimo.

SCENE VIII.

ELISE, *seule dans le jardin de son père.*

Elle apporte une sonnette et des journaux.

Mon père entend raison ; il faut crier miracle ;

Elle imite le ton de son père , et prend un air entre deux vins.

« Ma fille , m'a-t-il dit, j'aime et j'estime Alain ;
» Et, s'il veut se montrer comme un bon citoyen ,
» A t'unir avec lui je ne mefs plus d'obstacle »....
Oui , mais.... *bon citoyen !....* savoir ce qu'il entend
Par ce nom ; tout le monde aujourd'hui se le donne....
Chacun veut y prétendre , et le moins méritant
Souvent', à cet égard, est le plus exigeant.
Eh bien , tant mieux, au fait ; je voudrois franchement
Que l'on s'accoutumât à n'en priver personne !
Eh ! mais, lorsque j'y songe ;.... en honneur, je suis bonne !
Mon père me chérit ; je suis ici chez moi ;
J'y suis seule de femme , et n'y fais point la loi !
Oh ! j'y veux commander ; mon père aura beau dire :
Ses amis auront beau faire les orateurs ,
Je citerai mes droits qui valent bien les leurs ,
Et de mon sexe enfin j'exercerai l'empire.

N°. 22. Air : (du Cousin-Jacques.)

Plus de peur ; allons, mesdames ,
Livrez-vous à la gaîté.
Laissez luire dans vos ames
Le jour de la liberté.
Plus de terreurs, ni d'alarmes ,
En tout tems vous régnerez....
Les droits fondés sur nos charmes ,
Sont toujours bien assurés.   *bis.*

Second couplet.

Point d'orgueil, messieurs les hommes ,
En dépit de tous vos droits,
Puisqu'encor c'est nous qui sommes
Et vos tyrans et vos rois.
A l'instant qu'on vient vous rendre
A grand prix la liberté ;
Il ne faut pour la reprendre
Qu'un clin-d'œil de la beauté.   *bis.*

SCENE IX.

E L I S E , T H O M A S , *un peu plus ivre qu'aupa-*
ravant.

Il s'arrête à la coulisse en criant.

Quoic'que vous me d'mandez ? Oh ! oh ! faut d'la patience ;
Il est là, t'nez, vot' blé ; mais, dame ; on l'moudra d'main....
J'ons d'aut' chose à penser ; v'là l'heure d'ma séance....
A part, en s'avançant vers sa fille..
On l'moudra d'main ! C'est bon, mais c'est qui' mourront de
faim.

ELISE, *très-vertement.*

Vous savëz donc enfin vous condamner vous-même ;
Et la réflexion, secondant mon desir,
        Vous avertit que le plaisir
Marche après le devoir..... Eh ! quoi ? toujours extrême,
Toujours dupe des mots et de la vanité,
Iriez-vous sans relâche excitant les orages,
        Du plus paisible des villages
        Ecarter la tranquillité ?

THOMAS, *buvant un coup.*

Tiens, tiens, tiens ! c't air !... et c'ton ! mais je n' t'on jamais vue
Si revêche !

ELISE.

        C'est vrai ; l'espoir m'a retenue ;
J'ai pensé qu'à la fin vous vous sentiriez las
        Des disputes et des débats ;
Mais....

THOMAS, *prenant la sonnette.*

        Ah ! ça, faudra ti qu' j'agitions c'te sonnette
Pour te fair' taire ? *Il sonne.*
                Eh eh ! tu sais ben qu'entre nous,
J'somm' ici l'Président......

ELISE, *toujours debout.*

Thomas est assis.

                Oui, félicitez-vous
        De présider une guinguette !
Laissez aux gens instruits un honneur fait pour eux,
Sans profaner ici tous ces titres pompeux.

N°. 23. AIR : *I' suffit q'ça me plaise.*

Je vous le dis, mon père ;
Pour bien servir l'état,
Il n'est pas nécessaire
De s'assembler avec éclat ;
Un villageois,
Fidèle aux loix,
Qui vaque à son affaire,
Tout bonnement,
Tout doucement,
Content du sien,
Sur-tout homme de bien,
Est plus grand à mes yeux,
Que ceux
Qui font les valeureux.

C 3

SCÈNE X.

ELISE, THOMAS, LE CURÉ.

LE CURÉ, avec un air riant.

Bonjour, voisin Thomas....

THOMAS, interdit.

A part.

Aurai-j'ti' la berlue?

ELISE, à part.

Le curé dans ce lieu!

LE CURÉ.

Ma visite imprévue

Vous trouble, je le vois.....

THOMAS, se levant.

Ah! j'dis...... Monsieu' l'Curé,

Je n'vous attendions guère, à vous parler ben vrai....
A sa fille.
Débouche c'te bouteille...

Au Curé. I' faut qu'i' gniait six s'maines

Q'vous n'mettez pus les pieds cheux nous.
A sa fille.
Varse à boire à Monsieu'.....

LE CURÉ, assis à la table.

Mais! comment voulez-vous

Qu'on vienne ici? ce *Club* vous donne tant de peines!
Vous occupe si fort!

THOMAS, s'asseyant de l'autre côté de la table.

Pourquoi n'y v'nez vous pas?

On vous auroit ben reçu : j'savons ben, en tout cas ;
Q'tout ça n'est pas d'vot' goût; j'som' tertous Patriot',
 Ici, j'ons tertous l'même esprit;
Vous passez un p'tit brin pour et'... enfin, suffit...
I' faut pardonner ça; quand on porte eun' calotte,
C'est tout simple, on n'aim' pas... dame, j'dis.... c'est d'l'état..

LE CURÉ, avec douceur.

Vous me jugez très-mal, mon ami, je vous jure.

THOMAS.

Elise est debout, et passe alternativement des deux côtés.

N'aviez-vous pas, outre vot' Cure,
Par-ci, par-là, queuq' p'tit caronicat?

Queuq' p'tit brimborion d'abbaye ?
Ah ! dame ; on tient à ça...

LE CURÉ.

Point du tout, songez donc
Que si les seuls gagnans chérissoient leur patrie,
Personne ne seroit à l'abri du soupçon ;
Les sentimens pourroient sembler avec raison
Intéressés de part et d'autre.
Vous dites qu'un perdant n'est pas bon citoyen ;
Je dis, moi, qu'un gagnant l'est par l'amour du gain....
Et mon patriotisme est au niveau du vôtre....

THOMAS

A part.
Ah ! diant'e ! *à sa fille.* I' raisonn' ben, dà, ma fille ; *au Curé* ah !
ça, mais......
Vous ne r'grettez donc pas tous ces p'tits bénéfices ?..,

ELISE.

Monsieur les possédoit pour prix de ses services,
Mon père.....

LE CURÉ, *vivement.*

Mon enfant, ne nous plaignons jamais,
Lorsqu'en nous réduisant au simple nécessaire,
Nous pouvons des humains adoucir la misère ;
Une honnête existence est un bien suffisant ;
Combien de braves gens, qui n'en ont pas autant !

N°. 24. AIR : (de M. Gaveaux.)

Oui, tout le bien que j'ai perdu
M'en procure un plus magnifique ;
Avec usure il m'est rendu,
Par la félicité publique !
Il ne manqueroit à mes vœux
Que de doubler le sacrifice ;
Si les Français sont tous heureux,
Ce sera là mon bénéfice !   (*bis.*)

THOMAS.

Morgué ! Monsieu' l'Curé ; ça m'charme d'vous entendre ;
A sa fille.
Varse encore un p'tit coup. *Au Curé.* J'som' faché tant
seul'ment
Q'vous passiez dans not' *Gleub* pour un.... *à demi-voix* ça s'fait
comprendre ?....
On dit com'ça : *tant pis ! j' plaignons son entét'ment....*
On vous voit tous les jours aveuc c'te Madam' Blaise,

C 4

Qu'est un' femme, n'vous en déplaise,
Que j'dis qu'une patriote et pis ell', ça fait deux;
　　On dit qu'ensemble, à qui mieux mieux
Vous s'mocquez d'nous.....

LE CURÉ.

　　　　　Eh ! non......

THOMAS, *d'un ton suffisant.*

　　　　　Oh ! q'si fait; alle en glose...
Je l'sais d'bonn' part....

LE CURÉ.

　　　　　Il n'en est rien :
D'ailleurs sachez, Monsieur, et retenez-le bien,
Que censurer l'abus, n'est pas railler la chose.
Ce n'est pas votre *Club* que l'on critique-ici,
C'est la perte du tems précieux pour l'ouvrage;
　　Car vous savez, mon bon ami,
Que l'univers dépend des travaux du village;
Chaque état dans l'empire a ses bornes, ses droits,
Aux savans des cités si vous devez vos loix,
　　Eux vous doivent leur subsistance;
N'est-ce pas selon vous un des plus beaux emplois
Que celui qui vous rend nourricier de la France ?

THOMAS *dit* :

J'entends fort ben tout ça....

LE CURÉ.

　　　　　Tant mieux !

THOMAS.

　　　　　Je n'dis pas non;
Mais, pour et' patriote, enfin, quoi c'qu'i' faut faire ?
Car j'ons cru, voyez-vous, q'pour en mériter l'nom,
Falloit queut'chose d'marque et d'extraordinaire ?

LE CURÉ.

Et c'est précisément ce qui vous a trompé....

THOMAS *frappant sur la table.*

Ceux qui m'ont mis là d'dans, m'ont donc ben attrapé ?

LE CURÉ.

Savez-vous ce qu'il faut pour être patriote ?

THOMAS, *d'un air mistérieux.*

Quoi c'qu'i' faut? dit' moi ça; montrez-moi l'fin du fin;
　　Mettez-moi ça sur eun' p'tit' note;
Car je n'demand'. pas mieux q'd'aller par le droit chemin.

LE CURÉ *mettant la main sur le cœur de Thomas.*
La note ? elle est ici.....

THOMAS *vivement.*

J'en ons !.....

LE CURÉ.

..... Bon, secourable,
Franc.....parlant un peu trop; mais de nuire incapable,
Vous pourriez, mon voisin, vous faire tant d'honneur !.....
On a bien des vertus, quand on porte un bon cœur !....

THOMAS. *plaisamment.*

C'est un effet d'vot' part.....

LE CURÉ.

Une fille chérie
Est tout ce qui vous reste avec un peu de bien ;
Des pauvres d'alentour vous êtes le soutien ;
Les rendre tous heureux, n'est-ce pas le moyen
Le plus sûr de servir, (*avec enthousiasme*) d'honorer sa patrie !

ELISE.

Un zèle irréfléchi fait tout votre malheur,
Mon père ! il est si beau d'abjurer son erreur !

DUO.

(Musique du Cousin Jacques.)

ELISE et LE CURÉ *pressant Thomas tendrement.*

Exista-t-il dans tous les temps
  Un sort plus agréable
Que d'être aimé de ses enfans,
  Chéri de son semblable !
O vous, qui sous des cheveux blancs,
Enviez ces destins charmans,
Aux loix, à dieu soyez sujets ;
  Aimez votre patrie !
Et vous atteindrez sans regrets   } *bis.*
  Le terme de la vie !

THOMAS, *enchanté.*

V'là t'-un discours.... capable ! etc.

ELISE, *à part.*

Il se rend par degrés.

THOMAS *lui présentant la main.*

Vous êt', morgué, Monsieu', la fin' fleur des Curés....

LE CURÉ, *adoucissant encore son ton.*

Et puis ces sentimens opposés, ces querelles
Dont il résulte, après, des haines éternelles;
Le villageois pour qui ce *Club* a des appas
A l'air de mépriser celui qui n'en est pas;
Quand l'un fait l'orateur, l'autre veut aussi l'être;
On devient plus sensible au desir de paroître
Qu'au solide agrément de cultiver son champ:
Bref, chacun plus qu'autrui croit avoir des talens;
Et cela blesse un peu l'égalité champêtre;
Qu'en dites-vous, voisin?

THOMAS.

J'vous entends; j'vous comprends;
Vous ne voulez donc pas d'*Gleub?*

LE CURÉ.

J'en veux tout comme un autre...
(*A part.*) Pour le mieux ramener de son égarement,
N'allons pas trop d'abord heurter son sentiment.

THOMAS.

Comment?

LE CURÉ.

Mais j'en veux un tout différent du vôtre...
Tenez, venez chez moi pour en établir un
Nous prendrons dès ce soir les avis en commun.

THOMAS.

A part.
Hom; gnia quet'chos' là d'ssous; pas moins c'est un brave hom-
Haut.   (me.
Je n'peux pas pour ce soir; v'là not' mond' qui va v'nir....
Mais d'main, ça s'ra tout fin tout comme;
Du moins pour aujourd'hui faut nous laisser finir....

LE CURÉ, *se levant.*

Je vous laisse; à demain.... (*à part.*) Ma douceur le ramène.

THOMAS, *le faisant rasseoir.*

Quoi? vous partez tout d'suite? allons; encore un coup,
Pour le raccommod'ment....

LE CURÉ.

J'ai déjà bu beaucoup.....

THOMAS.

Pour quat' ou cinq gob'lets, bah! ça n'est pas la peine....
Pour un Curé, sur-tout!

L E C U R É.
Allons, je le veux bien;

A part.
Il faut flatter son goût pour lui donner le mien.....

T H O M A S, *à sa fille.*
Allons, ma p'tite, allons; varse.....et buvons ensemble...

É L I S E, *versant.*
Je n'ai pas soif......

T H O M A S.
Si fait; t'as soif.....

É L I S E.
Puisqu'il le faut,
J'ai soif.....(*à part.*) Qu'il est bizarre!

T H O M A S.
Oh! c'n'est pas t'un défaut
Que d'boire en société..... c'est l'vin qui nous rassemble....

Nº. 25. Air : (de M. Chardiny.)

Tous trois ont leur verre à la main et sont tournés vers le public.

T H O M A S, *à part, et à demi-voix.*
Ça m'rend tout sot, quand j'pense.
A tout c'qu'i' m'a dit là.

É L I S E E T L E C U R É, *l'observant.*

E N D U O.

Il réfléchit; il pense
A cet entretien-là.

T H O M A S, *à part.*
Faut vo'r comment tout ça finira....

É L I S E E T L E C U R É.

E N D U O.

Je vois comment cela finira.

T H O M A S, *à part.*
Je n'voulons pus d'licence....

E L I S E *à part.*
Pour moi, j'ai bonne espérance;

É L I S E E T L E C U R É, *à part, en duo.*
Le calme renaitra...

T H O M A S, *d'un air joyeux et confiant.*
A vot' santé, Monsieu'! touchez-là.

*Le Curé trinque avec lui d'une main, et lui donne l'autre avec effusion
de cœur.*

(*Crescendo.*)

EN TRIO.

ÉLISE ET LE CURÉ, *à part.*	THOMAS.
Selon nos vœux tout réussira.	A vot' santé ! Monsieu', touchez-là.
Tout réussira. *3 fois.*	Monsieu, touchez-là. *3 fois.*

Nous voilà bons amis ; au revoir, mon voisin ;
J'entends chez moi du monde arriver ; à demain.

Il entre six paysans chez le Curé.

THOMAS, se lève et reconduit le Curé.

Oh ! j'vous r'conduis jusqu'à ma porte.

ÉLISE, bas au Curé.

Si vous voyez Alain....

THOMAS, se retournant.

Queuq'tu dis-là tout bas ?

LE CURÉ, bas à Elise.

Je vous promets de faire en sorte,
Qu'à combler vos desirs il ne tardera pas.

Ils sortent tous trois.

SCÈNE XI.

LES SIX PAYSANS, *dans le jardin du Curé, avec les outils
du labourage.*

N°. 26. Air : (*Rendez, rendez la culotte au Curé.*)

Le premier PAYSAN.

Morgué, c'est avec étonn'ment
Que j'v'nons ici nous rendre.

Le second PAYSAN.

Not' bon pasteur, il a sûr'ment
Queut' chose à nous apprendre.

TOUS LES SIX, se regardant avec surprise.

Un *Gleub* ! un *Gleub* au jardin du Curé !
Faut l'voir ed'mes deux yeux pour en et' assuré.

Second couplet.

Le premier PAYSAN.

C'est en r'venant d'faucher not' pré
Qu'j'en ons r'çu la nouvelle ;

Il montre sa faulx.

Et cheux nous je n'som' pas rentré ,
Pour v'nir où l'on m'appelle !

TOUS LES SIX, en parties.

Un *Gleub* ! un, etc.

SCENE XII.

LES SIX PAYSANS, LE CURÉ.

(Ils le saluent tous les six avec empressement.)

LE CURÉ.

Bon soir, mes chers amis..... 'sur ces bancs prenez place.

*Ils s'asseoient tous six ; trois d'un côté, trois de l'autre ;
le Curé sur le banc du milieu ; comme à un catéchisme.*

Vous connoissez le *club* que le voisin Thomas
Tient chez lui tous les soirs....,

Le premier PAYSAN.

Quant à moi, j'n'en suis pas.

Le second PAYSAN.

Ni moi non plus ;

LES QUATRE AUTRES.

Ni moi.

Le premier PAYSAN, *en colère.*

J'aimerons mieux....

LE CURÉ, *l'interrompant.*

De grace !

Prenez, mes chers enfans, un tou plus modéré ;
Point d'aigreur !

TOUS LES SIX, *se levant et saluant.*

Oui, Monsieu' l'Curé.

Ils remettent ensuite leur chapeau.

LE CURÉ.

Souvent par un faux zèle on peut être égaré.
Thomas est un brave homme....

Le premier PAYSAN.

Ah ! je n'dis pas l'contraire ;

Montrant son poing.

Pas moins, si je l'trouvois queuq' part.....
Dans l'p'tit bois par-là bas... un dimanche.... à l'écart !...

TOUS LES AUTRES, *montrant aussi leur poing.*

Morguenne ? i' me l' paieroit....

LE CURÉ.

N'est-il pas votre frère ?

Un homme comme vous ? ainsi point de colère.
Soyons doux....

TOUS LES SIX, *se levant encore et saluant.*
Oui, Monsieu' l'Curé.

Le premier PAYSAN.

Mais c'est q'son *Gleub*, à lui, n'sart à rien qu'à mal faire ;
On s'dispute ; on s'en veut ; tout l'mond' vit séparé.....

LE CURÉ.

Et c'est précisément pour chasser la discorde
Que je vous ai mandés....

Le premier PAYSAN.

Vous touchez là-z-eun' corde
Ben scabreuse....

LE CURÉ.

Et pourquoi ? tout va bien jusqu'ici ;
J'ai consulté Thomas ; son cœur est radouci....
Mon projet est enfin d'avoir un *club* aussi....

Le premier PAYSAN.

Ça s'ra ben pis, ma foi !

LE CURÉ.

(*Ici on commence à entrer chez Thomas.*)
Point du tout : mais... silence....
Voilà, je crois, celui du voisin qui commence....
Afin de bien juger du fruit de mes leçons,
Pendant quelques instans, sans rien dire, écoutons.

SCENE XIII.

LES ACTEURS PRÉCÉDENS, *dans le jardin du Curé,
tous debout, écoutant en silence ;* THOMAS *entrant dans
son jardin, à la tête d'une foule de paysans, hommes,
femmes et enfans.*

N°. 27. Air : *D'une ronde Laonnoise.*

Le premier PAYSAN ET UNE VIEILLE, *à l'oreille de Thomas, tout
en marchant.*

J'vous l'répétons, Monsieu' Thomas,
C'est l'bruit qui court dans l'village,
Gnia z-un aut' *Club* ; mais i' n'faut pas
Q'su'l' not' il ait l'avantage....

THOMAS, *gravement, quoique trébuchant.*

Asseyons-nous et discourons ;
Examinons
Queu' parti nous prendrons.

TOUS LES PAYSANS, *s'asseyant autour de la table.*
Asseyons-nous et, etc.
Le premier PAYSAN, *se levant et ôtant son chapeau.*

Second couplet.

Concitoyens, j'vous dénonçons
L'Curé comme aristocrate ;
Et j'dis com'ça q'dans nos cantons,
Faut q'tout l'monde soit démocrate :

THOMAS, *son bonnet blanc à la main, et debout.*

Moi, j'dis com'ça q'gnia trop long-tems.
Qu'on s'accoutume à dénoncer les gens.

TOUS LES PAYSANS, *se regardant avec surprise.*
　　　　　　　　　Thomas se rasseoit.

D'une voix interdite.
l' dit com'ça q'gnia, etc.

Troisième couplet.

LA VIEILLE, *se levant à son tour.*
Et moi, Messieux, sous vot' respect,
Je vous d'mandons la parole ;
J'fais la motion q'tout hom' suspect.
Vienne d'force à vot' école....

THOMAS, *son bonnet à la main, et debout.*
Et moi, Messieux, j'fais la motion
De n'chagriner personn' su' l'opinion.

TOUS LES PAYSANS, *stupéfaits.*
Quoi ! l'per' Thomas fait, etc.

LE CURÉ, *bas à ses six paysans.*
Déjà, vous l'entendez, on devient plus humain.....
Le premier PAYSAN, *à Thomas.*
Vous et' donc ben changé ?

THOMAS, *en riant.*
　　　　　　　J'ons donné dans l'extrême ;
M'est avis qu'il est tems d'faire un r'tour sur soi-même ;
J'voulons mettre d' l'eau dans mon vin ;
Vaut mieux tard que jamais.....

SCÈNE XIV.

LES ACTEURS PRÉCÉDENS ; NANNETTE, *en vielleuse ;*
NIGAUDINET, *en marchand de chansons.*

*On entend dans le lointain un air de vielle, c'est-à-dire, le refrain de
l'air qui suit.*

THOMAS, *étonné.*
　　　　　　Quoiq' c'est que c'te musique ?
LA VIEILLE, *étonnée.*
C'est cheux Monsieu' l'Curé !.....

NANNETTE, *au Curé.*

Voulez-vous un p'tit air ?

LE CURÉ, *gaiement.*

Volontiers.

Le premier PAYSAN, *de chez Thomas.*

Ecoutons.... *Le club du voisin a les yeux en l'air.*

NANNETTE.

Vous ne l'paiérez pas cher.

LE CURÉ.

N'importe ; la gaîté vaut bien la politique.

NANNETTE, *imitant le langage des charlatans.*

Mon homme et moi, du d'puis deux ans
J'allons comm'ça dans les villages ;
Et par de jolis p'tits pass'tems
J'égayons tous les personnages.

NIGAUDINET, *avec emphase.*

All' dit vrai !.....

NANNETTE.

Gnia sur-tout les *clubs* que j'amusons ,

En leux débitant des chansons....
Mais.... des chansons.... qu'ont été faites....
Par des docteux et des prophètes....

NIGAUDINET.

Al' dit vrai !

LE CURÉ.

Je vous crois......

NANNETTE.

Et j'ons-là mon mari

Qui voit la lune en plein midi.

NIGAUDINET.

Al' dit vrai !

LA VIEILLE *de chez Thomas.*

Sérieusement.

Ça n'est pas pour rire.....

LE CURÉ.

De quelques-uns de vos secrets.
Ne pourriez-vous pas nous instruire ?

NANNETTE.

Volontiers.

LE CURÉ.

Chantez-nous d'abord quelques couplets.

NANNETTE.

N°. 28. Air : *Connu sur la vielle.*

Elle prélude par le refrain, et Nigaudinet, monté sur un banc, prélude avec le violon.

De la gaîté nous chérissons l'empire ;
D'un cœur honnête elle est le vrai soutien.
Tout bon français qui sait chanter et rire,
Ne pense point à cabaler pour.......
Fortement et en jouant de la vielle.
Tirelireli , tan tan....   (*3 fois*)
Et vous m'entendez bien.

Elle joue avec Nigaudinet le refrain pour ritournelle, avec des contor-sions analogues.

Second couplet.

Qu'un noir penseur mûrisse au fonds de l'ame
Un grand projet qui ne le mène à rien ;
Moi, j'aime à rire, et celui qui me blâme,
A mots couverts, je dis que je m'en......
TOUS DEUX, *en parties.*
Tirelireli , etc.....

Troisième couplet.

Qu'en deux partis la France se divise ;
Pour les unir il est un bon moyen.
Rire et chanter , que ce soit leur devise :
Quant aux boudeurs , laissons tous ces gens....
Tirelireli , etc.

LE VIEILLE , *du club de Thomas.*

Diante ! i' m'paroît qu'on s'amus' par-là bas....
Ça m'donne envi d'danser ; ça m'rappel' mon jeune âge....

Une petite FILLE , *à la Vieille.*

Et moi, donc, ma mère-grand' ! est c'que je n'danserai pas ?

Le premier PAYSAN , *du club du Curé.*
A Nigaudinet.

Et c'te lorgnett' que v'là ? pour quel usage ?

NIGAUDINET , *du ton d'un opérateur.*

Avec c't instrument-là j' lisons dans l'firmament,
Et j'découvrons d'ben loin qu'est c'que d'viendra la France....

Les six PAYSANS *du Curé.*

Ah ! voyons, dit'nous ça...

NIGAUDINET.

Doucement, Messieux, douc'ment...
Diab'! ça fait un' rud' prévoyance !
A Nannette.
Toi, pendant que j'chant'rai, tu distribueras ça :

D

Messieux, je les vends *gratis* à tout l'mond' qu'en voudra....

> *Il donne à Nannette les petits cahiers qui sont dans la gibecière.*

L' premier qui saura l'air, avec moi l'répét'ra...

> Le premier PAYSAN, *de chez Thomas.*

Ah ! dam' ; c'est pour tout d'bon ; la destinée de la France !

> LA VIEILLE.

Qui s'vend *gratis*, encore !...

> Tous les PAYSANS, *du club de Thomas.*
>
> Ah !. voyons ça....

> *Ils avancent la table contre le mur ; et jeunes, vieux, se bousculant l'un l'autre, montent sur la table ; les plus petits se guindent sur les plus grands, et ils regardent par-dessus le mur dans le jardin du Curé....*

> THOMAS, *restant seul assis à un bout de la table.*

Eh ben ? me v'là tout seul au milieu d'ma séance ! ....
N'vous appuyez pas trop su' c'te muraille, au moins....

> *Il boit.*

Alle est du tems passé, moi, je n'perds pas la tête....

> NANNETTE, *d'un ton prophétique.*

Ecoutez ben tretous ; j'vous prenons pour témoins.
Q'Monsieu' mon hom' n'est pas-t-un' bête.

> NIGAUDINET, *monté sur le banc avec Nannette.*

Al' dit vrai !....

> *Avant chaque couplet, il lorgne le firmament ; et les paysans suivent des yeux toutes ses contorsions. Plusieurs d'entr'eux prennent des petits cahiers que Nannette distribue ; ceux du haut du mur tendent les mains pour en avoir aussi.*

> N°. 29. Air *connu par les chanteurs des rues.*

Il prélude avec son violon.

> Sèche tes larmes ;
> Et plus d'alarmes,
> Peuple françois !

Il répète seul avec son violon.

> Le ciel m'éclaire ;
> Par lui j'espère
> En tes succès.

Idem, etc.

Il parle.

Ici, Messieux, voici...... com' quoi enia l'an moyen
D'ramener l'bonheur en France, d' changer l'mal en bien !

Second couplet.

Dans cet empire,
Si l'on aspire
Au bien commun ;

Tout le monde répète sur les petits cahiers, et Nigaudinet sur son violon.

Qu'on soit tous frères ;
Partis contraires,
N'en formez qu'un!

Idem, etc.
Il parle.

A présent, Messieux, voici comme
L'bon Dieu veut qu'on soit honnête homme.

Troisième couplet.

Plus de licence ;
Fureur, vengeance
Ne mène à rien.

Idem, etc.

Tout par justice,
Rien par caprice,
Voilà le bien.

Idem, etc.
A part.

Eh ben ; j'dis, je n'men tir' pas mal.
Haut.

Quand à c'qui r'garde ce village,
J'vous prédisons tout plein d'dommage,
Tant q'parmi vous gniaura du bacchanal.
Et, jusqu'à c'que tout l'mond' vive en paix com' des frères,
Gniaura des mauvais vents...

TOUT LE MONDE, *consterné.*
Des mauvais vents! mon Dieu!

NIGAUDINET et NANNETTE.
A l'octave l'un de l'autre.

Ah! mon Dieu oui!

NIGAUDINET.
Des grêles, des tonnères
Et des inondations...

TOUT LE MONDE, *consterné.*
Ah! diant! voyez un peu!

NIGAUDINET et NANNETTE.
Ah! mon Dieu, oui!

THOMAS, *buvant, et toujours assis.*
C'est pas t'un jeu!...

D 2

N°. 30. Air : (La la, ho ho ho, ha ha ha ha.)

Le premier PAYSAN *de chez Thomas, doucement.*

Mais... semble à voir que c'garçon-là
N'nous promet rien qui vaille...

LA VIEILLE, *trébuchant.*
Mais... j'crais q'nous n'som' pas ben com' ça ;
Et j'crains pour c'te muraille.
Gar', gar', gar', gar' ; v'là qu'al' s'en va !
Ici la muraille commence à péncher.

Le premier PAYSAN.
Qu'est c' qu'auroit cru c't accident-là !
La muraille s'écroule.

Tous les PAYSANS.
La la !
Oh ! oh ! oh ! ah ! ah ! ah ! ah !...

THOMAS, *sans bouger.*
Eh ! ben , t'nez , moi , j'ons prédit ça.
*La plupart des Paysans restent sur la table et s'éloignent du mur ,
quelques-uns sautent avec le mur, comme s'ils tomboient par leur propre
poids ; bientôt tout le reste franchit l'enceinte, et l'on voit l'un assis,
l'autre à genoux ; celui-ci se tenant la jambe, celui-là se frottant la
tête , etc.*

LE CURÉ.
Personne n'est blessé ?

LA VIEILLE, *faisant la révérence.*
Non non ; tant au contraire ;
Monsieu' l' Curé !

Le premier PAYSAN *de chez Thomas.*
Moi, je m'sis tant seulement
Apostrophé l'manton ; ça n's'ra rien...

LE CURÉ.
Je l'espère...
Loin de me chagriner de cet évènement,
J'en rends graces au ciel !... Thomas , vivons ensemble ;
Ce mur nous séparoit... le hasard l'a détruit ;
Ce petit malheur , ce me semble,
De nos vrais devoirs nous instruit.
Pour bannir de ces lieux à jamais la discorde ,
Que ce jardin soit en commun ;
Et si votre projet avec le mien s'accorde ;
Nos ménages n'en feront qu'un.

THOMAS, *tendant la main au Curé.*
Morguen', Monsieu' l'Curé, je l'voulons d'tout' mon ame,
Touchez-là.

LE CURÉ, *aux Paysans.*
Mes amis ; il s'en faut que je blâme
L'usage de ces clubs introduits parmi vous ;

Je sais qu'en s'assemblant on s'instruit, on s'éclaire ;
Qu'on peut même par-là serrer ces nœuds si doux
Par qui tout homme apprend à respecter son frère ;...
Mais mon cœur fait le vœu que vous en soyez tous ;
Qu'il n'existe entre vous ni rang, ni préférence ;
   Qu'on y voue à l'humanité
Le respect le plus tendre ; aux loix l'obéissance :
Que par des jeux permis, au sein de la gaité,
Des fatigues du jour sans gêne on s'y délasse ;
Que toujours dans son cœur on y garde une place
   Pour la douce fraternité...
   Qu'enfin, pour couronner l'ouvrage,
On n'en sorte jamais sans s'aimer davantage.
Parlez ; un pareil *club* vous convient-il à tous ?

THOMAS.

Moi, j'y tope.

Le premier **PAYSAN**, *du club de Thomas.*

Et pis moi...

Le premier **PAYSAN**, *du club du Curé.*

C'est dit.

LA VIEILLE.

Embrassons-nous...

On s'embrasse.

SCENE XV.

LES ACTEURS PRÉCÉDENS, Dame BLAISE, ALAIN,
tenant ELISE *par la main.*

Dame BLAISE, *s'arrête interdite.*

N°. 31. Air : (L'amitié vive et pure.)

Ici chacun s'embrasse.
Quel est donc ce changement ?
Ma foi, cela me passe...

LE CURÉ, *à Dame Blaise.*

Cela s'explique aisément ;
Vous savez qu'à la tempête
Succède enfin le beau tems...
Nous faisons ici la fête   }
La fête des bonnes gens.   } *bis.*

On répète le refrain.

THOMAS, *à Dame Blaise.*

Second couplet.

Allons, ma p'tit' voisine ;
Plus de dispute entre nous...

Dame BLAISE, *lui donnant la main.*

La haine nous chagrine ;
S'accorder est bien plus doux !...

ALAIN avec ELISE, *les pressant des deux côtés.*
Pour que l'œuvre soit complette,
Vous unirez vos enfans!

THOMAS et Dame BLAISE, *les regardant tendrement et leur joignant les mains.*
Votre hymen sera la fête
La fête des bonnes gens.

TOUT LE MONDE, *gaîment.*
Notre ⎫
Votre ⎬ Hymen sera, etc.
Leur ⎭

LE CURÉ.
Allons, pour bien finir cette heureuse journée,
Il faut que par la danse elle soit couronnée.
Nigaudinet, Nannette...

Nigaudinet et Nanette s'avancent.

Dame BLAISE.
Ils étoient déguisés. :

THOMAS, *les reconnoissant.*
Tiens! qu'est ç'qu'auroit cru ça?

LE CURÉ.
Pardonnez cette ruse ;...

THOMAS.
Tout c'qui ramen' la paix, n'a pas besoin d'excuse.

NIGAUDINET, *ôtant sa perruque.*
Nous v'là décharlatanisés !

LE CURÉ.
Savez-vous quelque ronde ?...

THOMAS.
· Eh ben, moi; j'en sais une...

NIGAUDINET.
C'est bon ; moi, j'frai l'orches'...

LE CURÉ, *gaîment.*
Allons ; et sans rancune.

On forme plusieurs ronds.

Nigaudinet et Nannette montent sur un banc pour accompagner.

RONDE.

N°. 32. Air : (du Cousin-Jacques.)

THOMAS (M. JULIET.)
Dans la paix et l'innocence
Lison gardoit, à vingt ans,
Cette parfaite ignorance
Que n'ont plus tous nos enfans.
Elle vit trois fois Léandre ;
Trois fois elle soupira...

Fort.

Maman voulut la reprendre...

Doux, en prenant la voix de fille.

« Eh! ma mère ! est-c' que j'sais ça ?   (*bis.*)

TOUT LE MONDE *répète en dansant et contrefaisant aussi la voix de fille.*

» Eh ! ma mère ! est-c' que j'sais ça!   (*bis.*)

, A chaque refrain, Thomas danse et fait des mines avec Dame Blaise.

Son amant lui fit remettre
Un tendre et joli billet.
Lison lut, relut sa lettre,
Y répondit en secret...
Maman toujours inflexible,
La surprit et s'emporta...
« Mais, ma fille ! c'est horrible!
» Mais, ma mère ! est-ce que j'sais ça?   (*bis.*)

TOUT LE MONDE, *en dansant.*

» Mais, ma mère! est-c' que j'sais ça!   (*bis.*)

THOMAS.

Un beau soir Léandre arrive;
Lise étoit seule au logis ;
La pauvrette en vain s'esquive,
Se souvenant des avis...
Il l'attrape et puis l'embrasse ;...
Maman tout à-coup rentra!...
» Oh ! ma fille ! quelle audace !...
— » Eh ! ma mère est-c' que j'sais ça!   (*bis.*)

TOUT LE MONDE, *en dansant.*

— » Eh ! ma mère ! est-c' que j'sais ça ?   (*bis.*)

THOMAS. (I.)

Pour une autre fois Léandre
Lui propose un *rendez-vous.*
Elle crut devoir s'y rendre,
Craignant un peu son courroux.
Il la trouva si novice
Que le dépit s'en mêla...
» Ah ! ma Lison ! quel supplice!
— » Ah ! Léandre ! est-c' que j'sais ça ! »   (*bis.*)

Après six fois six semaines,
Lise éprouva certain mal;
Elle sent bien qu'à ses peines
Rien ne fut encore égal.
Quand maman vit sa détresse,

____

(I) On ne chante au théâtre que les trois premiers couplets de cette *ronde*, quoiqu'à la rigueur on pût chanter le *cinquième*, qui n'est pas plus fort que le couplet des *deux Savoyards*:

      « Avant la fin de l'année
      » Il survint un accident.... ».

cela suppléroit au *bis* du public, qui redemande souvent la *ronde* en entier. Quand au *quatrième couplet*, quoiqu'il soit le plus saillant et qu'il ait été inséré avec les autres dans l'*Almanach des Muses de* 1790, il seroit déplacé sur la scène.

Pleurante, elle s'écria :

« Ah ! mon Dieu ! quelle foiblesse !

— » Ma mère ! est-c'que j'savois ça » !   (bis.)

THOMAS, *après la ronde.*

V'là c'qui s'appelle chanter ! alle est drôle, c'tell'-là ?...
Pas vrai ?

LE CURÉ

Fort bien ; *bravo*, papa.

VAUDEVILLE.

Nº. 33. Air nouveau (du Cousin-Jacques.)

LE CURÉ (M. SALLIÈRE.)

Plus de débats et plus d'allarmes ;
Que notre bonheur soit commun.
Ah ! que la France aura de charmes,
Quand tous les cœurs n'en feront qu'un !
Pour la haine et pour la vengeance
Des citoyens ne sont pas faits ;
Pour rétablir l'intelligence
Embrassons-nous, faisons la paix !   (bis.)

On répète le refrain en chœur à chaque couplet, et pianissimo.

ELISE. (Mme. LESAGE.)

Rendons nos cœurs à la nature ;
Concitoyens, soyons unis !
Est-il félicité plus pure
Que celle d'un peuple d'amis !
L'étranger, dit-on, nous menace ;
Il perdra l'espoir du succès
Quand les françois de bonne grace
S'embrasseront, feront la paix !   (*bis.*)

ALAIN (M. GAVEAUX.)

Vivons désormais tous en frères ;
Entendons-nous de bonne-foi.
Sous les yeux de nos mandataires,
Obéissons tous à la loi ;
De bon cœur comme ils vont sourire,
Quand ils verront tous les françois
En vrais amis, entr'eux se dire :
« Embrassons-nous, faisons la paix » !   (*bis.*)

NIGAUDINET (M. LESAGE.)

C'est mal-aisé d' plaire à tout l'monde ;
Gnia ben long-tems q'l'auteur sait ça.
Messieux, conv'nez tous à la ronde,
Q'gnia rien que d'vrai dans c'te pièc' là.
Mais si son espérance est vaine
Quant à l'esprit qui fait l'succès ;
Pour qu'i' n'ait pas perdu sa peine,
Embrassez-vous, faites la paix !   (bis.)

FIN.

9 782329 301716